Prefácio
Rubens Casara

Palavras-antídotos

Um livro capaz de apresentar, com leveza e sensibilidade, um novo conceito já seria um evento digno de comemoração. No novo livro do escritor italiano Roberto Parmeggiani, o leitor irá deparar com muito mais. Ao tratar da desabilidade, o autor aponta um conjunto de elementos que podem ser percebidos a partir de um grave problema, sem o qual o conceito não faria sentido: "uma espécie de incapacidade plural de estar nas relações sociais".

A dificuldade de interpretar um texto, o desaparecimento das metáforas, os discursos de ódio e a incompreensão das ironias são fenômenos que podem ser explicados a partir desse problema que leva à desabilidade: o empobrecimento subjetivo. Empobrecimento que se dá na linguagem e que leva à dificuldade de se comunicar, de compreender e de atuar em diversos contextos. A linguagem, e isso já foi dito antes, sempre antecipa sentidos. Uma linguagem empobrecida antecipa sentidos empobrecidos, estruturalmente violentos, pois se fecham à alteridade, às nuances e à negatividade que é constitutiva do mundo e se faz presente em toda percepção do que é complexo. Sentidos empobrecidos que não se prestam à reflexão e que são funcionais à manutenção das coisas como estão. Percebe-se, pois, que a desabilidade, para além de um problema da linguagem, é também um projeto político.

A linguagem empobrecida e pessoas marcadas pela desabilidade são o resultado e atendem à razão neoliberal, a esse modo de ver e atuar no mundo que transforma (e trata) a tudo e a todos como mercadorias, como objetos que podem ser negociados. A lógica das mercadorias esconde o negativo e o complexo, dificulta o respeito às diferenças e uniformiza o mundo, enquanto apresenta discursos que mostram as coisas existentes como pura positividade e simplicidade. Não é por acaso que para realizar o projeto neoliberal, que poderíamos resumir como a total liberdade voltada apenas para alcançar o lucro e aumentar o capital, cria-se uma oposição à mentalidade subjetiva, apaixonada, imaginativa e sensível. Há uma recusa a qualquer compaixão ou empatia. A proposta é de que se esqueça como lidar e reagir ao sofrimento e a dor. Em *Desabilidade*, o afortunado leitor irá deparar com palavras que funcionarão como um antídoto à tentativa de mercantilizar o mundo e coisificar a vida.

Na era do empobrecimento da linguagem, em meio à desabilidade, não há espaço para a negatividade que é condição de possibilidade tanto da dialética quanto da hermenêutica mais sofisticada. Tudo se apresenta como simples para evitar conflitos, dúvidas e perspectivas de transformação. Aposta-se tanto em explicações hiperssimplistas de eventos humanos quanto em uma falsa identidade entre o universal e o particular, o que faz com que sejam interditadas as dúvidas, contradições, ideias e observações necessárias para um enfoque e uma compreensão adequada dos fenômenos. Correlata a essa "simplificação" da realidade, há a disposição a pensar mediante categorias rígidas. A população, afastada da leitura e das artes, é levada a esquecer as habilidades construídas na caminhada histórica e a recorrer ao pensamento estereotipado, fundado com frequência em preconceitos aceitos como premissas, que faz com que as pessoas não tenham a necessidade de se esforçar para compreender a realidade em toda a sua complexidade. Sem compreender a realidade, inviabiliza-se a intercompreensão, o diálogo e a possibilidade de transformação do mundo. Quem se afasta do pensamento raso e dos slogans argumentativos, e assim coloca em dúvida as certezas que se originam da adequação aos preconceitos, torna-se um inimigo a ser abatido, isso se antes não for cooptado. Nesse sentido, pode-se falar que o empobrecimento da linguagem gera o ódio direcionado a quem contraria essas certezas e desvela os correlatos preconceitos. O livro de Parmeggiani, como o leitor logo perceberá, não descuida dos afetos.

Diante da desabilidade, resta ao indivíduo recorrer ao comportamento mimético, ou seja, tentar tornar-se igual aos outros em um dado contexto, imitar o que encontra em um contexto marcado pelo empobrecimento subjetivo. Tratando-se de pessoas incapazes de pensar e agir por si próprias, o risco de violências, manipulações e ataques à diferença torna-se imenso. Como adverte Parmeggiani, "precisamos prestar muita atenção porque esta fraqueza comunicativa é o espaço preferido para quem quer tirar nossa liberdade, conduzir nosso pensamento, levar-nos a acreditar naquilo que é melhor crer, para nos utilizarem como se fôssemos objetos".

É também o empobrecimento da linguagem, esse fenômeno gerador da desabilidade, que reforça a dimensão domínio-submissão e leva à identificação com figuras de poder ("o poder sou Eu"). Pense-se em uma pessoa lançada no empobrecimento da linguagem, não há reflexão, teorias, tradição ou lei que sirva de limite: a "lei" é "ele mesmo" a partir de suas convicções e de seu pensamento simplificado. Em outras palavras, o empobrecimento da linguagem abre caminho à afirmação desproporcional tanto da convicção e de certezas delirantes quanto dos valores "força" e "dureza", razão pela qual pessoas lançadas na linguagem empobrecida costumam optar por respostas de força em detrimento de respostas baseadas na compreensão dos fenômenos e no conhecimento. Este livro é, em certo sentido, um manifesto por uma vida não fascista.

A desabilidade também impede o diálogo, que exige abertura às diferenças, para insistir em discursos, adequados ao pensamento estereotipado e simplificador, verdadeiros monólogos, por vezes vendidos como "debates". O ideal de comunicação na era da simplificação neoliberal parte do paradigma do amor ao igual. A comunicação ideal seria aquela entre iguais, na qual o igual responde ao igual e, então, gera-se uma reação em cadeia do igual. É esse amor ao igual, avesso a qualquer resistência do outro, o que só é possível diante da linguagem empobrecida, que explica o ódio ao diferente, a quem se coloca contra esse projeto totalizante e a essa reação em cadeia do igual. Em *Desabilidade*, o leitor encontrará uma aposta na força da palavra e no diálogo.

Em apertada síntese, *Desabilidade* remete a uma multiplicidade, dialoga com outros conceitos, procura romper a "linha abissal" (Boaventura de Souza Santos) entre o Norte e o Sul, desvela um acontecimento, conta uma história e aposta em um devir. A riqueza do pensamento do autor, que se percebe em cada palavra-antídoto contra a desabilidade, oferece muitas joias: mencioná-las deixaria esse prefácio extenso, sem necessidade. Muito melhor é ler o livro.

Desabilidade

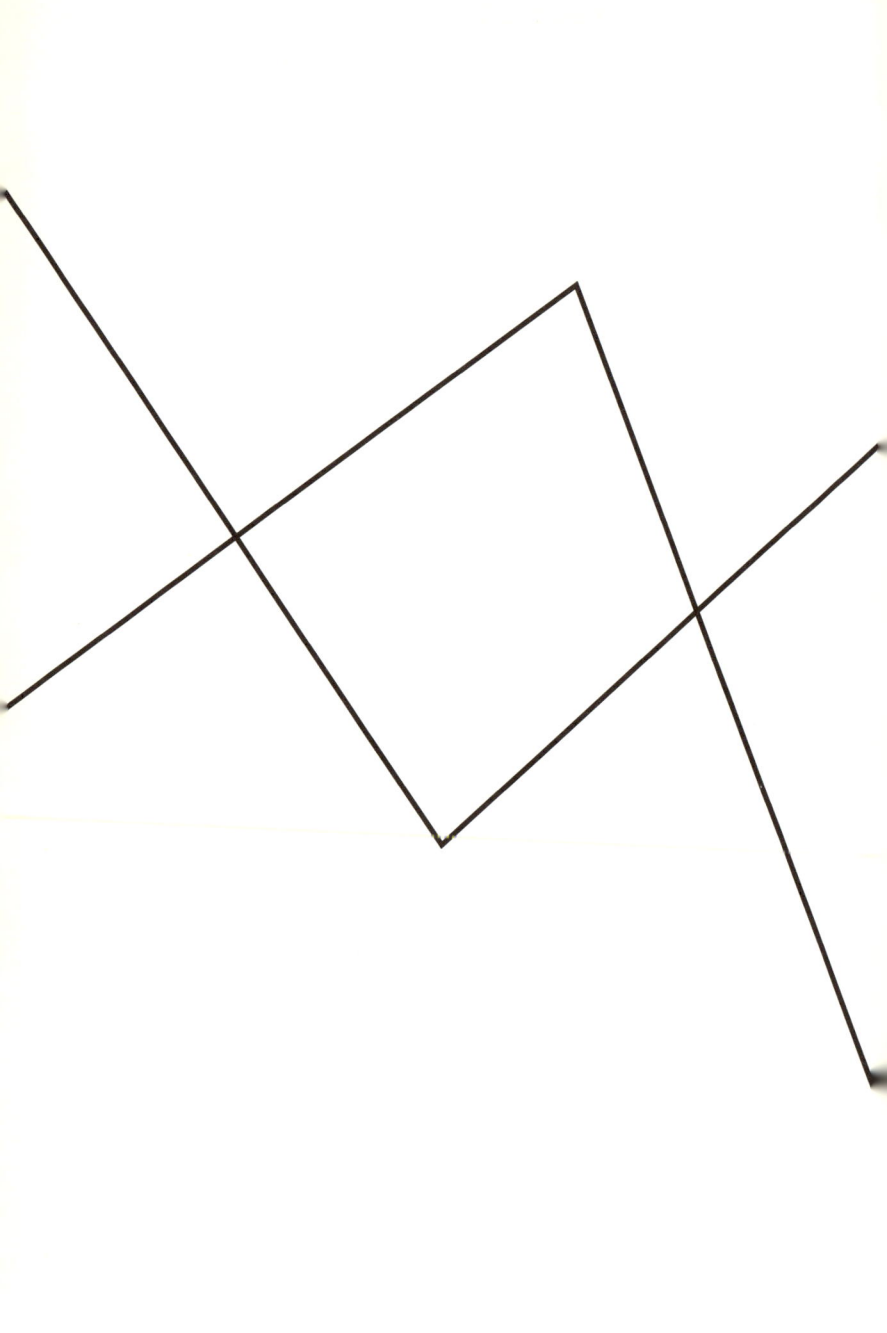

Introdução

No âmbito educativo, fala-se de desabilidade, quando uma pessoa com um déficit, uma falta objetiva, encontra o ambiente físico, social ou cultural. Neste encontro, manifesta-se a desabilidade: a impossibilidade de subir uma escada, a dificuldade de se comunicar ou de apreender. Uma pessoa com deficiência nem sempre tem uma desabilidade. Esta aparece no encontro entre o déficit e o contexto. É a manifestação de uma dificuldade, a do contexto que não está pronto para acolher, mas também a da pessoa que não tem as ferramentas necessárias para interagir com aquele contexto. Em ambos os casos, existe uma falta: de educação, de recursos, de obras que não permitem uma vida plena, em harmonia e em paz.

Transportando esse conceito para as relações sociais, poderíamos dizer que entramos em uma fase de desabilidade social, uma espécie de incapacidade plural de estar nas relações sociais.

O nível de desabilidade social aumentou consideravelmente nos últimos anos, no mundo inteiro. Esta se expressa, de um lado, na incapacidade das pessoas de lidar com os diferentes contextos, e de outro, na sempre maior escassez de recursos dos contextos que se tornam mais frágeis e à mercê dos interesses individuais.

Claramente, trata-se de um círculo que continua a girar porque são as pessoas que criam os contextos que, por sua vez, contribuem para formar pessoas. Acontece que acabamos alimentando a nossa desabilidade social, nos tornando vítimas daquilo que nós mesmos criamos, ao invés de mudar os elementos que nos levam a reproduzir sempre o mesmo esquema.

Se quisermos que algo mude de verdade, contribuindo para construir uma sociedade mais justa e feliz, precisamos recolocar no centro das nossas reflexões a questão da linguagem. Em tantos anos de trabalho como pedagogo e formador de professores, aprendi que o primeiro contexto no qual todos nos encontramos ou nos desencontramos é exatamente o da linguagem. Por isso, ter consciência do valor e do poder das palavras – para o bem ou para o mal – reconhecendo nelas o poder criativo fundamental, é o primeiro passo para diminuir nossa desabilidade.

"No principio era o Verbo", escreve João no começo do seu evangelho, colocando a palavra como ato fundante de todas as coisas, princípio de todas as vidas. "E o verbo se fez carne", continua, sublinhando que é a palavra a célula originária da humanidade, corpo e identidade, que o dizer constrói, dá vida, cria realidades.

Todos nós somos feitos de palavras – as que ouvimos, as que pronunciamos, as que lemos e as que simplesmente pensamos – e não ter consciência disso significa não ter consciência de quem somos, de quem poderíamos ser e de como podemos viver com os outros. As relações podem ser definidas como diálogos, troca de expressões e experiências, emoções e desejos, crenças e convicções, pensamentos e conhecimentos.

Porém, nada tanto quanto as palavras é hoje tão desvalorizado. Aumenta constantemente o número de pessoas que não têm consciência do poder das palavras na construção dos contextos e das relações sociais. O primeiro efeito disso é uma grande dificuldade comunicativa, uma contínua contraposição entre pontos de vista diferentes, mas que, muitas vezes, ao invés de permitir a construção de um percurso comum, acabam criando desencontros, principalmente pela falta de um vocabulário compartilhado. Pessoas que falam sem se entender, atribuindo a este mal-entendido valor de conteúdo. Embora seja verdade que também a forma é parte do conteúdo

– o modo pelo qual dizemos ou expressamos um pensamento é parte do pensamento – acabamos eliminando ou excluindo o conteúdo e contentando-nos com a forma.

O baixo número de leitores e o analfabetismo funcional que nos torna incapazes de compreender o significado de um texto (no Brasil tanto quanto na Itália, os analfabetos são mais de 70% da população), a velocidade da tecnologia e dos *social network,* que reduzem nossa capacidade de aprofundar um tema, e uma não educação para o silêncio e a escuta do outro, são sintomas e causas, ao mesmo tempo, de uma ignorância coletiva que nos leva a conhecer sempre menos palavras e a utilizá-las de maneira errada, aumentando o nível de desentendimento.

Precisamos prestar muita atenção porque essa fraqueza comunicativa é o espaço preferido para quem quer tirar nossa liberdade, conduzir nosso pensamento, levar-nos a acreditar naquilo que é melhor crer, para nos utilizarem como se fôssemos objetos.

No livro *Alice no país das maravilhas,* há um diálogo interessante entre o ovo Humpty Dumpty e Alice:

> "Quando eu uso uma palavra", disse Humpty Dumpty, num tom escarninho, "ela significa exatamente aquilo que eu quero que signifique... nem mais nem menos".
>
> "A questão", ponderou Alice, "é saber se o senhor pode fazer as palavras dizerem coisas diferentes".
>
> "A questão", replicou Humpty Dumpty, "é saber quem é que manda. É só isso".

As palavras são fortemente interligadas ao poder. A linguagem racista, assim como a linguagem sexista ou integralista, só para dar alguns exemplos, são formas de controle e de poder, e, por isso, não têm como objetivo permitir novos conhecimentos nem promovem uma troca real entre as pessoas. Podemos dizer que essas linguagens, explorando uma lacuna cultural, utilizam as palavras como tijolos para construir muralhas que separam e não para criar pontes que unem. Palavras, então, como instrumento de poder e de controle, que visam, de um lado, aumentar a nossa ignorância entendida no seu significado literal de não conhecimento, e, de outro, a diminuir nossas habilidades sociais: compreensão do pensamento alheio, empatia pelas necessidades do outro, visão ampla e capaz de entender o valor das diferenças para o bem comum.

Como escritor, gravei na minha memória as palavras de Joseph Brodsky:

> Se aquilo que nos distingue dos outros representantes do reino animal é a palavra, então a literatura – e, em particular, a poesia, sendo esta a forma mais alta da expressão literária – é, para dizer as coisas até o fim, a meta da nossa espécie.

Nosso destino, portanto, nossa meta como seres relacionais é nos tornar poetas, amantes das palavras, no sentido mais carnal possível, respeitando o significado de cada uma, mas, ao mesmo tempo, usando-as para ler os diferentes contextos, ampliando o sentido sem preclusão e assim enriquecendo nossas habilidades.

Por isso, com o leitor que vai se aventurar por estas páginas, quero compartilhar algumas reflexões sobre algumas palavras, na tentativa de diminuir nossa desabilidade social. De um lado, fortalecendo nossa consciência, e, de outro, construindo um contexto mais favorável ao diálogo e à troca de significados, com o auspício de que possamos contribuir, todos, para escrever uma nova história de paz.

Olhar do Sul

Cambalhotas de sentido
Diferenças como alicerce
Horizonte tombado

Durante a cerimônia das Olimpíadas de 2016, eu estava na Itália. Assisti pela televisão aquele espetáculo maravilhoso que mostrava a beleza do Brasil, com grande estupor. Depois da apresentação das grandes belezas do país, era contada a história da chegada dos portugueses, inicialmente, e de todos os outros europeus, posteriormente. O comentador italiano, descrevendo aquela cena épica, usou as seguintes palavras:

> "Eis como começou a imigração". Logo depois, por sorte, o colega dele interveio corrigindo-o: "Não imigração, mas invasão.

Este pode parecer um exemplo bem simples, quase banal. Mas na verdade, é muito exemplar de como as palavras expressam e constroem pensamentos. O comentador que descreveu a chegada dos povos europeus como "imigração" manifestou, talvez inconscientemente, um ponto de vista muito comum na Europa: os povos europeus descobriram a América, deram a ela a vida, levaram de presente a civilização. Essa convicção é fruto do uso das palavras através das quais, por tantos anos, foi contada a história e assim construído o pensamento dos europeus: conquista, descoberta, libertação. Descrita deste jeito, a chegada de povos estrangeiros pode aparecer de verdade como um ato de um povo melhor contra um povo pior, uma simples imigração, na qual o mais evoluído ajuda o menos evoluído a se desenvolver, embora com a perda de tudo aquilo que pertencia a ele.

Mas e o outro comentador que, ao contrário, definiu como "invasão" a chegada dos europeus, não participou do mesmo processo educativo? Sim, sem dúvida, mas ele alterou alguma coisa na sua percepção, decidiu olhar a história sem preconceitos. Por isso, utilizou a palavra "invasão", já que, de fato, do ponto de vista dos índios sul-americanos, a chegada dos estrangeiros foi uma verdadeira invasão, que destruiu séculos de história e cultura, subjugando centenas de pessoas com a força.

Quem descreve muito bem tudo isso é Eduardo Galeano, em *As veias abertas da América Latina,* livro no qual conta a história da América do Sul a partir do olhar do Sul, descrevendo os cincos séculos de história do continente, partindo da "descoberta" até os últimos anos, explicitando a contínua depredação dos recursos naturais e minerais, a escravidão e a imposição moral da religião cristã como validação de teorias racistas, bem como a interferência na política e na gestão do poder por "democracias" estrangeiras.

O escritor uruguaio nos oferece o olhar de quem observa o mundo do ponto de vista dos colonizados e não dos colonizadores; de quem tenta falar de pessoas e não de categorias; de quem considera os pontos cardeais não como elemento para avaliar o valor de uma pessoa ou de um povo, mas como indicador para reconhecer todos, cada um na sua latitude, dentro de um contexto de diversidade; de quem, enfim, não considera o lucro como único parâmetro de valor, mas que tenta imaginar, talvez sonhar, construir uma sociedade, uma política e uma economia mais justas. Porque afinal de contas, é de justiça que estamos falando.

Evidentemente que esse não é um problema exclusivo dos europeus. Os mesmos sul-americanos – assim como outros povos que sofreram invasões coloniais – precisam reaprender a olhar o mundo, partindo deles, da sua própria história e da sua própria especificidade. Precisam se envolver pessoalmente no processo de crescimento e evolução social e cultural do mundo, deixando de lado qualquer sentido de inferioridade, exigindo recursos e diretos da política – que, por enquanto, em muitas partes do mundo, está nas mãos de brancos, ricos, interessados em fechar olhos mais que mudar de olhar.

Outro texto que ajuda a entender a falácia da inferioridade de alguns povos em relação aos outros, é o do biólogo americano Jared Diamond. No seu livro *Armas, germes e aço*, ele reflete sobre como a maior evolução do Norte da terra é devida, principalmente, a fatores geográficos e climáticos, determinados pela sorte. As diferenças culturais não são inatas, mas fundam raízes em diferenças geográficas, ecológicas e territoriais substancialmente ligadas ao acaso. Só por isso as armas, os germes e o aço se desenvolveram primeiro na Europa do que na África, por exemplo, e só assim os europeus conseguiram ser mais fortes na exploração do mundo.

A desabilidade para ler os acontecimentos históricos com o olhar do Sul torna os europeus incapazes de perceber e, por conseguinte, de contar a história com palavras mais adequadas. Nos tornamos eternos conquistadores, cheios de gabarolice, convencidos de estar certos só pelo fato de termos nascido em um determinado lugar, ignorando completamente a história real.

Em contrapartida, também quem nasce e cresce ao Sul, tende a carregar consigo uma espécie de complexo de inferioridade, do qual precisa se livrar para poder construir um novo horizonte, não direcionado pela necessidade de se justificar ou de pagar uma dívida imaginária. Esta também é uma desabilidade contemporânea: a dificuldade de não se pensar mais como colonizados, aprovando, inconscientemente, o papel do colonizador.

Nunca como agora precisamos tanto que o Sul tome posse, reconquiste seu lugar no mundo, assuma a própria e real responsabilidade na redefinição do equilíbrio dos poderes. Mais do que nunca me parece atual o pensamento de Paulo Freire, na pedagogia do oprimido: o opressor só pode evoluir com a ajuda do oprimido. Os dois protagonistas das dinâmicas sociais estão interligados, não pode haver uma real mudança, se ambos não estão envolvidos na mudança mesma.

Seguindo a teoria da ação dialógica, podemos ir além do estado atual, sem antagonismos preconceituosos, permitindo-nos enfrentar essa desabilidade, nomeando o mundo com palavras de verdade, e assim nos tornarmos, todos, mais livres. Assim escreve Paulo Freire no seu clássico *Pedagogia do oprimido*:

> A existência, porque humana, não pode ser muda, silenciosa, nem tampouco pode nutrir-se de falsas palavras, mas de palavras verdadeiras, com que os homens transformam o mundo. Existir, humanamente, é pronunciar o mundo, é modificá-lo.

A carência de uma real inclusão social, uma das maiores desabilidades que estamos vivendo, devido ao medo generalizado de perder algo em favor do outro estranho-estrangeiro, visto como inimigo, adversário, porque diferente, e fomentada por um contexto desprevenido, pode ser revertida aumentando o nível de compreensão das dinâmicas históricas e sociais. Por que tantos africanos chegam à Europa? Por que mexicanos querem atravessar a fronteira com os Estados Unidos? Por que o Oriente Médio tem tanta disputa por território? Por que o Nordeste brasileiro é mais pobre que o Sudeste? Por quê?

O contexto está mudando, precisamos dessas respostas para entender e assim não nos sentirmos totalmente sob ataque, tendo a capacidade de governar melhor a inevitável mudança que, mais ou menos diretamente, contribuímos para acontecer.

Todos precisamos de um novo olhar que nos permita ver a nova realidade. Ver para conhecer e conhecer para ser livres. Para favorecer uma real inclusão, por exemplo, não é necessário (nem suficiente) diminuir o número de migrantes (sejam externos ou internos ao país), mas criar políticas que agindo nos diferentes contextos (escola, trabalho, cultura) favoreçam a criação de um novo jeito de nos pensar.

Incluir não significa tornar os outros como nós, ou, inversamente, desistir de nossa identidade para assumir a do outro, mas construir pontes entre as pessoas, as situações e as habilidades. Uma política inclusiva aumenta a integração, quando consegue tecer as vozes de todas as partes interessadas de forma aberta, criando espaços de vida que são fruto da participação de todos, cada um com as próprias características, e nos quais as diferenças se tornem riquezas.

Afirma o filósofo italiano contemporâneo, Luciano De Crescenzo: "Estamos sempre ao Sul de alguém". Sobretudo, neste período histórico de grandes migrações – consequência inescapável de uma política e de uma economia internacional voltadas somente ao lucro individual – quem até ontem pensava estar ao Norte, simbolicamente na parte justa do mundo, protegido pelo poder e pela riqueza, descobriu como rapidamente ele também pode ser colocado ao Sul de alguém.

Na Itália contemporânea, por exemplo, isso aconteceu em relação aos imigrantes que chegaram da África e do Oriente Médio. Os outros países europeus não queriam acolhê-los, deixando à Itália toda a responsabilidade e o esforço da gestão daquela emergência. Meu país se descobriu ao Sul dos outros países europeus, sentiu aquilo que nunca tinha experimentado: a sua posição geográfica se tornou a variável mais importante nas relações com os outros, uma caraterística se transformou no todo.

Como a cor da pele dos negros, as preferências sexuais dos homossexuais, a religião dos judeus ou o déficit das pessoas com deficiência. Uma parte, muitas vezes insignificante, é tomada pelo todo, e a partir daquele elemento, a pessoa passa a ser julgada, classificada, excluída. Isso acontece quando olhamos o outro – como pessoa singular e como país com sua história e cultura – do lado do conquistador, do colonizador, do explorador, ou seja, do poder do imperialista, sempre pronto a conquistar, a catequizar, a alfabetizar os incivilizados com suas leis civis e religiosas. Um olhar que julga e condena a partir de um preconceito e de um ponto de vista limitado.

Precisamos, portanto, superar a desabilidade que desenvolvemos para com os novos contextos, aprofundando o conhecimento das histórias, individuais e coletivas, com as quais cedo ou tarde teremos que deparar. Somente assim poderemos esperar que ninguém seja mais olhado de cima para baixo.

Descolar rótulos

Rótulos que colam
Unicidade des-coberta
Esperança semeada

Os prisioneiros que entravam nos campos de concentração e campos de trabalho forçado, criados pelos nazistas, perdiam tudo – roupas, objetos pessoais, liberdade e, sobretudo, a própria identidade. Não tinham mais um nome pelo qual serem chamados, tornavam-se um número, que os algozes marcavam nos braços de cada um, e que a partir daquele momento os identificava.

8893 é o número que meu avô materno recebeu, quando foi preso e levado para o campo de trabalho forçado Stalag 398, na cidade austríaca de Pupping, onde permaneceu dois anos trabalhando como mecânico na construção de trens. Meu avô não gostava muito de lembrar daquela experiência, contava de vez em quando algumas anedotas: o pão seco que comia com a cebola, os cachorros sempre incitados contra eles, o trabalho contínuo e exaustivo e, sobretudo, a perda de identidade, a experiência de ser um número, um entre tantos, uma marca que ficaria impressa na alma dele, para sempre indelével.

Guardadas as devidas proporções, podemos pensar que algo muito parecido acontece com a linguagem. Como os números na pele, também as palavras colam nas pessoas e as definem, sempre que uma identidade plural, cheia de nuances, é reduzida a uma única característica, geralmente negativa. São as "palavras-estereótipos", que como rótulos adesivos colam nas pessoas e as categorizam e que, uma sobre a outra, constroem uma imagem que vai condicionar nossas relações. Não é por acaso que, segundo seu significado etimológico, a palavra estereótipo, que vem do francês, tenha sido criada por um tipógrafo que inventou uma técnica especial de impressão capaz de imprimir a mesma página, sempre igual. O estereótipo apaga as diferenças.

Essa dinâmica de "palavras-estereótipos" se revela claramente nos casos de *bullying*. Uma pessoa desaparece atrás da palavra-rótulo, repetida à exaustão, quase sempre por um agressor, enquanto o público observa em passiva e cúmplice aceitação. No *bullying*, uma única característica se torna a representação de uma identidade inteira, em volta da qual se define o mundo das relações da vítima. Muitas vezes, a própria vítima, fraca demais para se defender, aceita e incorpora aquela imagem estereotipada, agindo consequentemente e, sem querer, justificando os comportamentos dos violentos. Se isso acontece no nível individual ou de pequenos grupos, é ainda mais perceptível no nível social.

Palavras repetidas por centenas de anos constituem as crenças a partir das quais construímos nossos juízos sobre o outro, não só o indivíduo, mas a categoria, sobretudo aquelas desfavorecidas, vítimas predestinadas ao *bullying*. Os negros são nomeados pela cor da pele, as pessoas gordas por seu peso, aquelas com deficiência pelo seu déficit, as mulheres por uma parte do corpo e assim por diante. Cada um de nós poderia citar vários exemplos de como as "palavras-estereótipos", além de condenar uma pessoa, determinam também a formação da visão social a partir de categorias.

Certa vez, cheguei ao estacionamento da biblioteca na qual ministro alguns cursos pela Universidade de Bolonha. Enquanto descia do carro, passaram na minha frente duas jovens estudantes. O guarda privado que se ocupa do banco, olhou para mim provocando: "Quantas coisinhas boas frequentam este lugar!" Vendo o meu olhar meio confuso, continuou dizendo: "Quantas mocinhas lindas! Pena que não seja mais o meu tempo, teria gostado de participar dos seus cursos. Teria sabido o que fazer". Meio incrédulo, olhei de novo para ele e disse que não achava que o problema fosse o tempo, mas o respeito, aliás a falta de respeito. E que as mulheres não eram coisas, mas pessoas. Ele me olhou de volta em nada abalado por minhas palavras, provavelmente me achando um bobo. Ter que esclarecer algo tão óbvio para mim foi ridículo, mas infelizmente há muitas pessoas, homens e mulheres, que concordariam com o guarda. Pessoas que, mais ou menos conscientemente, aceitam esta ideia estereotipada e generalizada de que a mulher é uma "coisinha".

Em *Seis propostas para o próximo milênio*, sobre a palavra "exatidão", Ítalo Calvino diz:

> "*Às vezes me parece que uma epidemia pestilenta* tenha atingido a humanidade inteira em sua faculdade mais característica, ou seja, no uso da palavra, consistindo essa peste da linguagem numa perda de força cognoscitiva e de imediaticidade, como um automatismo que tendesse a nivelar a expressão em fórmulas mais genéricas, anônimas, abstratas, a diluir os significados, a embotar os pontos expressivos, a extinguir toda centelha que crepite no encontro das palavras com novas circunstâncias."

Um dos sintomas dessa epidemia pestilenta é, sem dúvida, a pobreza lexical, que não é só o fato de conhecer poucas palavras para dizer ou explicar aquilo que nos acontece. A pobreza está sobretudo no uso limitado, na incapacidade de ir além de um estereótipo, com o qual nos contentamos porque não temos as ferramentas para construir um pensamento diferente e porque, também, o contexto nos suporta nessa hiperbanalização, não nos propondo instrumentos para uma alternativa real.

Essa necessidade de categorizar e reduzir as pessoas – assim como os acontecimentos e os eventos históricos – por palavras pobres de significado e incapazes de restituir uma complexidade real, esconde uma desabilidade. A de não saber lidar com as centelhas – assim as chama Calvino – resultado do encontro com a novidade, em particular, e, com a diversidade, em geral. Esse encontro nos desequilibra e, para voltar a nos sentir seguros, ao invés de procurar a novidade, voltamos ao conhecido; ao invés de achar uma palavra diferente para dizer o novo que ainda não foi nomeado, voltamos àquelas conhecidas com as quais, porém, não conseguimos dar conta da variedade da experiência da vida. Assim, acabamos definindo como clandestino, qualquer pessoa que chegue de outro país, ou usamos apenas o gênero masculino para nomear as profissões, mesmo quando se trata de uma mulher; chamamos de cigano qualquer um vindo da Europa Oriental, ou de fanático qualquer pessoa que tem uma fé muito forte.

O uso da linguagem nunca é neutro e embora muitas vezes as pessoas se desculpem dizendo que "é só uma brincadeira", atrás dessa atitude se esconde outra desabilidade. Não conseguimos mais distinguir uma brincadeira – que prevê um respeito de fundo e a participação, embora inconsciente, do outro – de uma humilhação – que visa ofender o outro, reduzindo seu valor para tornar maior aquele que fala.

Os estereótipos, os preconceitos e as construções sociais sempre serão parte da vida em sociedade. Aquilo que podemos mudar é não nos tornar vítimas deles e aprender um novo jeito de ver e de dizer. Ver além da fachada para encontrar a pessoa real atrás da imagem que, muitas vezes, achamos suficiente para categorizá-la e julgá-la.

No seu *Viagem a Portugal*, José Saramago reflete a respeito do significado do viajante e da viagem. Ele se pergunta se é possível um dia chegar a dizer que não há mais o que ver. A resposta é que não, porque cada viagem é única e, embora já visto, um lugar não será nunca o mesmo.

O fim duma viagem é apenas o começo doutra. É preciso ver o que não foi visto, ver outra vez o que se viu já, ver na primavera o que se vira no verão, ver de dia o que se viu de noite, com o sol onde primeiramente a chuva caía, ver a seara verde, o fruto maduro, a pedra que mudou de lugar, a sombra que aqui não estava. É preciso voltar aos passos que foram dados, para repetir e para traçar caminhos novos ao lado deles. É preciso recomeçar a viagem. Sempre.

Transferindo metaforicamente esse raciocínio para o nosso discurso, encontramos uma saída para a nossa desabilidade: É preciso *dizer* o que não foi *dito*, *dizer* outra vez o que já se *disse*. Precisamos plantar novas palavras nos diferentes contextos nos quais vivemos, porque os estereótipos não são a semente, mas o fruto. É necessário discutir e educar ao respeito e à liberdade de expressão da própria individualidade para poder, assim, aprender a respeitar a do outro.

Precisamos, ainda, não nos contentar com a primeira palavra que encontramos para definir o alheio – e nós mesmos também – assim como não deveremos nos contentar com a primeira impressão. Voltar a dizer novamente, pensar, mudar, adicionar palavras e, às vezes, também, aceitar não ter como definir aquele outro que nos aparece tão diferente, acatando o desconhecido e o misterioso da alteridade.

Ainda com Calvino:

> A linguagem me parece sempre usada de modo aproximativo, casual, descuidado, e isso me causa intolerável repúdio. Que não vejam nessa reação minha um sinal de intolerância para com o próximo: sinto um repúdio ainda maior quando me ouço a mim mesmo. Por isso procuro falar o mínimo possível, e se prefiro escrever é que, escrevendo, posso emendar cada frase tantas vezes quanto ache

necessário para chegar, não digo a me sentir satisfeito com minhas palavras, mas pelo menos a eliminar as razões de insatisfação de que me posso dar conta.

Sentir-nos insatisfeitos, portanto, para continuar a semear, cuidar e depois colher um novo jeito de pensar sobre o outro para não continuar a marcar as pessoas com estereótipos e assim combater o extermínio da identidade ao qual assistimos continuamente.

Fecundar o silêncio

Vetas de silêncio
Encontros desarmados
Solidão habitada

Como dizia a poeta polonesa Wislawa Szymborska no seu poema "As três palavras mais estranhas", silêncio é uma palavra que desaparece no momento em que a pronunciamos:

> Quando pronuncio a palavra Futuro,
> a primeira *sílaba já se perde n*o passado.
> Quando pronuncio a palavra Silêncio,
> suprimo-o.
> Quando pronuncio a palavra Nada,
> crio algo que não cabe em nenhum não ser.

O silêncio existe somente se experimentado, é uma experiência física, uma vivência espiritual, do corpo junto com a alma.

Gosto muito de montanhas, quem me conhece sabe. No mínimo, uma vez por ano, nem que seja por alguns dias, vou às Dolomitas para caminhar pelas trilhas que se perdem entre as alturas. Fico sempre fascinado pelo contraste entre a majestade e a leveza dos grandes montes, um binômio impossível, mas real, como aquele que se tem entre segurança e vertigem, duas sensações que experimento olhando os cumes. Aquelas grandes pedras que elevam o espírito até o céu, restituem em mim uma sensação de imensa liberdade, como se a percepção da minha pequenez me acalmasse, permitindo-me reconhecer meu lugar no mundo. Porém, é sobretudo o silêncio que me fascina. Sim, se eu tivesse que definir o silêncio através de uma breve experiência, escolheria a de caminhar em altitude. O contato direto entre corpo e alma, respiração que toma forma, e elevação do espírito em direção ao infinito.

"A verdade mora no silêncio que existe em volta das palavras", dizia Rubens Alves, sublinhando como podemos procurar a verdade só no espaço entre o dizer e o calar. O silêncio é essencial na vida das pessoas e das comunidades, por isso sua falta nos tornou incapazes de compreender aquilo que acontece ao nosso redor. Seja dentro de nós, seja nos outros. Seja na natureza ou na sociedade em geral. Não sabemos mais escutar porque não nos ensinaram a silenciar nossas vozes interiores e exteriores. Cada vez mais, assistimos a conversas nas quais os participantes nem conseguem brigar, porque cada um segue apenas o som do seu próprio pensamento. Tentam gritar mais alto para encobrir a voz do outro, independentemente daquilo que se está dizendo. Não raro, concordariam com o pensamento do outro, mas não podem sabê-lo porque não o ouviram. Não há diálogo sem silêncio.

A falta de silêncio, hoje em dia, é um dos grandes problemas que temos que enfrentar. Prestem atenção em como acabamos preenchendo todo nosso tempo com algum barulho: seja ouvindo música, assistindo televisão ou falando ao telefone. Nas *social network*, nas leituras insignificantes, nas compras inúteis. Há uma espécie de frenesi constante que nos impede de parar e ficar na presença do nada – assim definimos muitas vezes o silêncio – e aquilo que mais tememos, o nosso sentir. Silenciar é ser capaz de deixar algumas linhas em branco para que possamos preenchê-las com algo desconhecido.

Mas o silêncio não é só a falta de barulho, de som ou de movimento. O silêncio é um estado corporal: respirar com mais calma, enchendo os pulmões por inteiro, dilatando as vias aéreas e acalmando a mente, percebendo o tempo que passa.

Em todas as religiões e filosofias, o silêncio está presente como forma de meditação ou como um modo de entrar em contato consigo mesmo, o maior mistério das nossas existências. Quem sou? Quem é aquele que vive debaixo da minha pele? Quais são suas memórias e suas feridas? Onde está aquele menino que desejava? E o jovem carregando esperanças? E amanhã? Quem vou ser?

Experimentar o silêncio significa dar voz a essas perguntas, embora não se tenham ainda as respostas, aceitando o espaço vazio entre o perguntar e o responder como lugar do conhecimento profundo.

A experiência do silêncio significa, sobretudo, sentir a solidão, outra palavra que carrega em si um valor negativo, mas que precisa ser ressignificada. O filósofo existencialista Nicola Abbagnano observou uma importante diferença entre solidão e isolamento. Aquilo que habitualmente definimos como solidão – exclusão dos contextos e das relações sociais, comunicações fúteis e interessadas apenas em um benefício egoístico, tagarelices superficiais – na realidade, é o isolamento em que somos jogados pelas circunstâncias e do qual queríamos sair – e só podemos sair – por meio da compreensão dos outros.

Se o isolamento é incompreensão e dilaceração de todos os laços sociais, a solidão é a introspecção, a meditação na compreensão de nós mesmos e dos outros. Uma pausa sentimental necessária para estarmos prontos para o relacionamento com os outros.

"A solidão", dizia Abbagnano,

> não é a do misantropo, que vive na preocupação de sofrer danos e injustiças por outros que permanecem, portanto, sempre presentes em seu medo. É mais aquela de quem procura uma pausa de recolhimento que lhe permita sentir melhor o gosto da vida.

Eis então que desenvolvemos uma desabilidade ligada à falta de silêncio e ao medo da solidão. Se a solidão, como afirmam os existencialistas, é a capacidade de bastar-se a si mesmo, reconhecendo e aceitando a nossa unicidade, a desabilidade é nos relacionar com o outro segundo um princípio de dependência-rejeição: dependemos do outro que nos serve para sustentar nossa identidade e, ao mesmo tempo, o desprezamos como supérfluo, quando não conseguimos entendê-lo, categorizá-lo, controlá-lo.

Uma vez participei de um retiro espiritual com cinquenta pessoas. Ficamos em silêncio por uma semana inteira, compartilhando só o momento das refeições, durante as quais, tocava uma música suave, e o da celebração matinal. De manhã bem cedo, ia caminhar e sentava em algum lugar bem escondido. Todas as tardes ia meditar em um lugar maravilhoso, debaixo de uma árvore imensa, cheia de folhas verdes que distribuíam seu perfume no ar (sim, as folhas também têm perfume). Não estava sozinho naquele momento. Lembro sobretudo de uma moça que também ia lá todas as tardes. Nunca nos falamos nem nos apresentamos. Mas descobri, através daquela experiência, como é possível compartilhar um espaço, uma relação e também emoções, sem dizer nada, por meio do silêncio. Naquele momento aprendi que também o silêncio é fecundo e que há vida naqueles espaços aparentemente vazios. O silêncio é aquela margem onde duas ou mais pessoas podem se encontrar realmente, para além de preconceitos, pensamentos e palavras, realizando uma troca mais livre, primordial, podemos dizer, porque baseada em uma partilha que não pretende convencer o outro ou destruir suas ideias, mas simplesmente criar uma relação.

O silêncio é vivo. É uma semente invisível que fecunda a terra da nossa identidade pessoal e social. Viver sem se reservar espaços de silêncio – nas escolas, no trabalho, na família – significa estar condenado a uma existência em contínua contraposição, antes de tudo interna, sempre incapazes de estar na presença da nossa individualidade, esquizofrênicos, porque inábeis em reconhecer quem somos, mudança após mudança, e em aceitar o grande enigma da vida. Mas também uma contraposição externa, fruto de uma contínua necessidade de afirmar nosso pensamento, à procura de aceitação e reconhecimento, aquilo que não conseguimos pessoalmente na frente de um espelho.

Estar em silêncio, enfim, significa aceitar o vazio, aquele que cada um carrega em si. Vazio como espaço de manobra, e não como falta de alguma coisa; como anseio pela procura e não como saudade de algo perdido; como habilidade de descobrir e não como déficit do qual se queixar.

E aqui volto a Rubem Alves:

> Sempre vejo anunciarem cursos de oratória. Nunca vi anunciarem curso de escutatória. Todo mundo quer aprender a falar. Ninguém quer aprender a ouvir.

Desenvolver a habilidade de silenciar então, significa educar para o conhecimento profundo, e, através da escuta, criar um espaço de encontro onde o outro possa entrar desarmado, disponível a uma contaminação positiva que permita a construção de um contexto generativo, isto é, que faça nascer novas sociedades.

Habitar fronteiras

Balanço no infinito
Fronteiras como troca
Futuros possíveis

Em 3 outubro de 2013, descobri que também o mar às vezes chora. "Um mar de lágrimas" diante do inexplicável, do incompreensível, diante do abominável do homem contra o homem.

Foi naquele dia que descobri que não é necessário ter muros para separar, dividir e excluir. E que as fronteiras podem ser lugares de vida ou de morte.

Naquele dia, uma quinta-feira qualquer para muitos, no mar entre a África e a Europa, ao largo da pequena ilha italiana de Lampedusa, os homens afirmaram a própria covardia, abdicaram do próprio papel de seres humanos, abandonaram as fronteiras, deixando morrer centenas de migrantes que estavam fugindo à procura de um lugar no qual viver em paz e seguros. "A vida é um jogo", disseram. "Um dia que começa para um, termina para outro". Mas nesse jogo, todos somos participantes, e todos, em diferentes graus, somos responsáveis. Sempre.

Infelizmente, são muitos os acontecimentos como este, em várias partes do mundo. Pessoas confinadas e excluídas, mortas ou deixadas para morrer, ao longo de uma fronteira física ou imaginária, criada pelos homens que transformaram uma simples linha em uma cilada, em um barranco pronto para engolir os mais infelizes sob o olhar de descuido da maioria.

Nos últimos anos, o mundo voltou a falar com mais insistência de fronteiras. Seja porque milhões de pessoas começaram a atravessá-las, fugindo da guerra, da fome, da seca – muitas vezes causadas pelos ricos ocidentais que exploraram e ainda exploram os recursos de países chamados erroneamente de Terceiro Mundo, exatamente dos quais as pessoas querem fugir –, seja porque em muitas nações reapareceu um pensamento nacionalista e racista, voltado a defender uma inexistente raça pura do ataque dos impuros, o que só pode ser chamado de fascismo.

Fronteira é uma simples palavra, "uma linha de infinitos pontos", como a definiu o jovem jornalista italiano Alessandro Leogrande em seu livro *A fronteira*, um conto das experiências dos migrantes: "infinitos nós, infinitos atravessamentos. Cada ponto uma história, cada nó um punhado de existências. Cada passagem uma brecha que se abre. A fronteira não é um lugar definido, mas a multiplicação de uma série de lugares em movimento perene, que coincidem com a possibilidade de estar em uma parte ou na outra".

Mas essa infinita linha de pontos e nós é lugar de separação, defesa, exclusão ou é um espaço cheio de possibilidades, de trocas e de encontros, embora às vezes difíceis e ferozes? Quem pode decidir isso somos nós, escolhendo qual das duas definições queremos que se realize. Infelizmente, a primeira é aquela que as pessoas têm repetido com mais frequência, acreditando cegamente nas palavras utilizadas por alguns políticos – sempre prontos a definir o outro, aquele estranho que vive depois da fronteira, como um inimigo ou, no mínimo, como um risco para a nossa integridade – em vez de experimentar e conhecer diretamente a realidade e poder construir um pensamento próprio. Muitas pessoas não conseguem ir além do próprio micro-mundo, porque têm na frente um muro muito alto, uma parede de indiferença e de superficialidade. Sabemos que as palavras constroem muros muito antes dos tijolos.

Uma vez mais, estamos diante de uma desabilidade ligada ao sentido das palavras e à falta de reflexão. A fronteira é uma divisão. No sentido comum, dividir significa determinar dois grupos, duas partes, separar, excluir, tirar algo diminuindo o valor. Em parte é assim, mas não só. Cada divisão, de fato, como diz o étimo da palavra, apresenta uma dupla visão (di-visão), um contemplar a diversidade inerente a qualquer alteridade que surge cada vez que um limite ou uma fronteira é desenhada. Não se trata, portanto, de uma simples diminuição ou uma subtração de valor, ao contrário, a divisão entendida como dupla visão é uma multiplicação que enriquece um contexto porque aumenta a possibilidade de ver e de ler a realidade mesma.

Mas não conseguimos mais perceber e ver essa riqueza, não sabemos mais abrir os braços para acolher quem se apresenta no limiar da nossa vida, excluímos *a priori* quem pensamos como diferente, sem perceber que é naquela diversidade que reside o único caminho para uma evolução comum. Limiar, mais uma palavra para o nosso vocabulário imaginário por meio do qual entender e dizer o real fora dos preconceitos e dos estereótipos. "O homem tornando-se limiar", diz o professor de estética Franco Rella, "pode fundar uma sociedade na qual a paixão e o conflito deixam de ser destrutivos e se tornam uma energia positiva". Limiar é outro jeito de dizer e entender fronteira. A linha se faz limiar, quando se torna espaço de liberdade onde mora a individualidade, quando nos tornamos disponíveis à chegada do outro e do seu segredo antes de qualquer julgamento.

Há também outra motivação que torna difícil a relação com as fronteiras: o medo, cada vez maior, de enfrentar os limites, de aceitá-los e estar na presença deles. A fronteira, no fundo, é um limite que separa o conhecido do desconhecido, e habitar a fronteira como espaço do desconhecido sempre nos causa medo. Sobretudo, quando este desconhecido assume a forma do outro.

A alteridade é um mistério e, como todos os mistérios, desperta em nós diversas emoções, muitas vezes opostas: curiosidade e interesse por algo novo e desconhecido; medo e negação por algo possivelmente perigoso, que pode nos fazer sofrer ou nos colocar em crise. Ambas as sensações estão corretas como respostas naturais e adequadas a uma situação normal.

No encontro direto com o outro e a sua diversidade, experimentamos essas emoções porque a diversidade nos obriga a sair de nós para comparar-nos com o outro, e esse movimento para o externo vem percebido como perda de parte da própria identidade e descoberta de uma nova realidade: daí o medo e também a atração.

O primeiro erro que devemos evitar é negar nossos sentimentos sentindo-nos culpados, não respeitando o tempo necessário para chegarmos perto uns dos outros. Aprender a considerar a diversidade como um valor e não como uma limitação ou um obstáculo, compreendendo que é necessário tempo, o tempo da disponibilidade à descoberta que é, de fato, o terceiro elemento da relação com a alteridade, e que abrange tanto nós como o outro que está na mesma posição, embora especular.

Efetivamente quem é o outro? O outro é não só aquele que está na nossa frente, mas nós também, que estamos na frente dele. Habitar as fronteiras significa exatamente isso. Aceitar aquele espaço, físico e emocional, de desequilíbrio, no qual nem tudo é claro e nem sempre é possível estabelecer categorias fixas. A fronteira é o lugar da descoberta, da invenção, do possível, da duplicidade.

O escritor alemão Hermann Hesse reflete várias vezes no seus escritos sobre esse tema. No ensaio "A cura", diz:

> Eu gostaria de encontrar uma expressão para a duplicidade do mundo [...] eu gostaria de escrever capítulos e frases em que a melodia e antimelodia aparecessem si-

multaneamente, em que ao múltiplo sempre flanqueasse o unitário, ao jocoso o sério. Para mim, na verdade, a vida consiste em flutuar entre dois polos, em ir e vir entre os dois pilares – base do mundo.

Enquanto em *O lobo da estepe*, um romance de crise e pesquisa psicológica sobre a personalidade, o protagonista pensa:

> não há nenhum eu, nem mesmo no mais simples, não há uma unidade, mas um mundo plural, um pequeno firmamento, um caos de formas, de matizes, de situações, de heranças e possibilidades.

Na frente dessa duplicidade que nos causa medo, podemos ativar duas reações que correspondem a duas diferentes respostas. Uma é construir uma proteção, e decidir, preventivamente, que o outro é o inimigo do qual precisamos nos defender. A outra é estender uma mão disponível a um encontro, que permita olhar o outro nos olhos, perceber seus medos, e talvez descobrir que as semelhanças são maiores que as diferenças.

Esta segunda ação de aproximação é o que torna a fronteira um limiar, é o que diferencia um homem corajoso e amante da vida de um homem medroso e que pensa se defender da vida não vivendo. Eu também tenho medo do desconhecido, do risco e do erro. Nunca se sabe se um desafio vai dar certo, se aquele encontro, embora desejado e preparado, será uma experiência positiva ou negativa, se o outro estará realmente disposto a se encaixar em um contexto diferente. Mas precisamos lembrar que nem sempre o valor de uma experiência depende daquilo que chamamos de positividade, como a qualidade de uma viagem nem sempre depende da chegada. A viagem como percurso pode ser fantástica, independentemente da beleza do lugar no qual chegaremos. Assim um percurso de conhecimento e encontro com o outro pode fazer crescer e melhorar nossas vidas, independentemente do fato de nos tornar amigos daquele outro.

A desabilidade que nos torna sempre mais incapazes de abrir-nos à alteridade está ligada muito mais às nossas preocupações e ao bem-estar que tememos perder, do que às reais qualidades ou atitudes do outro que muitas vezes não conhecemos senão pelos estereótipos que a comunicação contemporânea constrói em nós. "Desábil", portanto, é quem baseia sua leitura do mundo em palavras preconceituosas, contribuindo para a construção de buracos de sentido, dentro dos quais, cedo ou tarde, ele também cairá.

Habitar as fronteiras é um dos maiores desafios do nosso tempo. Uma escolha, no fundo, uma aposta para o futuro. Quase tão difícil quanto enxugar um mar de lágrimas. Mas não impossível, se cada um fizer a sua parte.

Negociar a realidade

Reservas de imaginação
Território inventado
Justa distância

Uma das experiências que lembro com mais intensidade no meu percurso de formação como educador, foi um curso de *clowning*. Não pensem no palhaço que se pode encontrar em um shopping ou em uma festa de aniversário. O *clown* é uma importante máscara do teatro. O pequeno nariz vermelho é a menor máscara do mundo. Esconde a pessoa e a transforma, permitindo-lhe uma comunicação não verbal muito profunda, totalmente fundada sobre emoções e expressões do rosto.

Quando me apresentei ao curso não sabia o que aconteceria. Tinha aquela vergonha que sempre me acompanha, quando tenho que fazer algo novo, sobretudo, se se trata de uma atividade que comporta envolver-se pessoalmente, se abrir ao imprevisível e ao outro. Mas ao final, o curso se revelou muito interessante e divertido. Com várias e sérias brincadeiras e muitos *insights* sobre as relações educativas. Uma das reflexões que guardo até hoje é a que o condutor nos ofereceu depois de um exercício em pares, no qual uma pessoa tinha que se mover e interagir com o espaço, levando em conta os barulhos ou as palavras que o outro emitia estando fora da cena.

Depois que todos tínhamos experimentado os diferentes papéis, o condutor introduziu o conceito de negociação da realidade. Durante o exercício, os dois tinham se movido no campo da imaginação e da fantasia, tinham andado em um território inventado, um quarto mobiliado somente com a criatividade dos dois. O encontro entre duas sensações fantásticas, diferentes, mas que tinham que procurar um ponto de contato: a negociação da realidade que não é nem de um, nem do outro, porque os dois mundos fantásticos têm o mesmo valor.

Analogicamente, negociar a realidade significa, portanto, construir um mundo no qual ambos os protagonistas possam se sentir bem e se reconhecer por aquilo que são. A cena é o lugar onde definimos a realidade comum para todos os protagonistas da encenação: os atores, o diretor, os técnicos e o público também. Cada um com o próprio ponto de vista particular, que é incompleto se não se junta ao dos outros. Um espaço que educa, exatamente porque ali ninguém pode afirmar conhecer a única verdade. A negociação da realidade, portanto, não será a escolha de um ponto de vista entre tantos, mas a definição de um novo jeito de ver, comum entre todos.

Parecia-me imediatamente óbvio que o conceito de negociação não tinha a ver só com o teatro, mas também com os diferentes contextos de vida nos quais temos que lidar com o outro, com o grupo que se torna a unidade de medida dentro da qual precisamos achar a justa distância entre a nossa verdade e a do outro.

No seu romance *Um, nenhum e cem mil*, Pirandello enfrenta esse tema várias vezes, por meio das considerações que o protagonista leva adiante depois de ter percebido não ser só Um, mas tantos quantas são as imagens que os outros lhe refletem. Aquele personagem de Pirandello revela um pensamento profundo acerca da necessidade de negociar uma realidade comum, a partir da aceitação das nossas indeléveis diferenças.

> Só podemos conhecer aquilo a que conseguimos dar forma. Mas, que conhecimento pode ser este? Não será esta forma a própria coisa? Sim, tanto para mim como para si; mas, não da mesma maneira para mim e para si: isto é tão verdade que eu não me reconheço na forma que

você me dá, nem você se reconhece na forma que eu lhe dou; e a mesma coisa não é igual para todos e mesmo para cada um de nós pode mudar constantemente. E, contudo, não há outra realidade fora desta, a não ser na forma momentânea que conseguimos dar a nós mesmos, aos outros e às coisas. A realidade que eu tenho para si está na forma que você me dá; mas é realidade para si, não é para mim. E, para mim mesmo, eu não tenho outra realidade senão na forma que consigo dar a mim próprio. Como? Construindo-me, precisamente.

A dificuldade apresentada pelo protagonista é a de definir uma realidade que seja o resultado de um compromisso, uma construção comum. Como isso pode acontecer, senão através das palavras, meio de conexão e de comunicação?

Também em relação a este aspecto, Pirandello nos alerta, lembrando-nos que as palavras não são neutras:

> Mas, o problema é que você, meu caro, nunca saberá nem eu lhe poderei nunca dizer como se traduz, em mim, aquilo que você me disse. Não falo turco, não. Eu e você usamos a mesma língua, as mesmas palavras. Entretanto, que culpa temos nós de que as palavras, em si, sejam vazias? Vazias, meu caro. Ao dizê-las a mim, você as preenche com o seu sentido; e eu, ao recebê-las, inevitavelmente, preencho-as com o meu sentido.

Eis a desabilidade de hoje em dia: partilhar o mesmo contexto de significado. Cada um quer encher as palavras com o sentido que prefere e, ao mesmo tempo, nomear as coisas – objetos, afetos, ações, direitos – como quer, sem se preocupar com aquilo que o outro pensa e sente, nem do ponto de vista do qual se posiciona para ler a realidade.

Aprendi muitas coisas sobre o significado das palavras utilizando um idioma diferente do meu, materno. Segundo a semântica, cada palavra tem um significado denotativo, que é o significado compartilhado e aceito pela maioria dos falantes, e um significado conotativo que é constituído pelos valores emocionais e associações evocadas por uma palavra, impressões e sugestões que variam de pessoa para pessoa. Distinguimos também o significado linguístico de uma soma do significado denotativo e conotativo e de um significado social, que é o significado que uma palavra tem em relação às relações entre os falantes dentro de um grupo social.

Essa complexidade, que infelizmente poucos conhecem e sobre a qual não refletimos suficientemente, leva-nos a sofrer uma contínua incompreensão devido ao fato de não estarmos na mesma cena conjunta. Usamos as palavras reduzindo-as àquilo que queremos dizer, independentemente do significado denotativo ou social. Como se fossem recipientes vazios que podemos encher como quisermos, assim como teme o protagonista pirandelliano.

Emblemático é aquilo que acontece nas discussões diárias, nas quais, de um dia para o outro, nos transformamos todos em médicos, professores, cientistas, advogados, treinadores, arquitetos ou em qualquer outra profissão. Pensamos conhecer a verdade só porque alguém nos disse algo ou porque lemos superficialmente alguma coisa na rede. Enchemos as conversas com palavras vazias em volta das quais cada um acaba se sentindo perdido, porque não temos pontos cardeais que possam orientar nossa negociação. Ainda mais, quando essas conversas começam e terminam atrás de uma tela, porque os meios tecnológicos nos levam inevitavelmente a uma velocidade comunicativa que desvaloriza o conteúdo.

Necessitamos, portanto, de ressignificar nossa comunicação para superar a incapacidade, sempre maior, de conviver e de compartilhar o mesmo mundo. Podemos fazer isso por meio de três diferentes ações. A primeira é a de voltar a nos olhar nos olhos. As expressões, o brilho de um olhar, o tom da voz fazem parte da comunicação, sendo forma, são também conteúdo e podem transformar uma discordância num aperto de mão ou num abraço. Olhar nos olhos, portanto, significa aceitar o outro, deixá-lo ser parte daquele contexto, daquele processo de negociação que nem sempre se ativa à distância. A segunda é trocar de lugar um com o outro para conhecer, por empatia, o mundo do qual o outro sai. Seus medos, suas expectativas, seu ponto de vista. Vestir a roupa do outro, como frequentemente acontece no teatro, significa se abrir a uma compreensão que não se limita aos aspectos cognitivos, mas deseja comunicar a um nível afetivo. A terceira é valorizar o tempo como elemento de comunicação para poder escutar aquilo que o outro quer dizer, uma escuta disponível e sem preconceitos; tempo que nos permita refletir para não julgar as palavras do outro antes de ter pensado no significado real; tempo como renúncia do poder que vem do papel social para se colocar a serviço do bem comum. A lentidão não é o contrário da velocidade, mas o seu complemento. Embora seja possível, de fato, comunicar rapidamente sem perder o valor daquilo que dizemos ou escrevemos.

A cena teatral à qual me referi no começo é claramente uma metáfora. São inúmeras as "cenas" sobre as quais se desenvolve o grande espetáculo da vida, e em cada uma delas temos que achar o papel a partir do qual vamos negociar a realidade. A família, por exemplo. O lugar das primeiras aprendizagens, nas quais negociar um percurso comum significa antes de tudo encontrar o equilíbrio mais certo entre as aspirações dos pais e a unicidade do filho. Assim como as mesas das escolas, sobre as quais o professor e o estudante são chamados a partilhar um percurso, assumindo cada um a própria responsabilidade embora com diferentes tarefas. Ou o parlamento, onde deputados têm a responsabilidade de representar o povo que os elegeu. Negociar a realidade significa trabalhar para um bem maior que o individual ou da própria parte política, construindo uma rede de leis justa que possa, antes de tudo, amparar os mais necessitados e permitir aos excluídos ser parte novamente da comunidade.

Seja qual for a cena, será mais justa quanto mais negociada for uma realidade, que coloca no alicerce o tema da equidade. Não da igualdade que considera todos iguais e a todos dá a mesma quantia de "alimento" – cultural, econômico, educativo. Mas da equidade, que considera cada um segundo as próprias particularidades e, para permitir a cada um alcançar o próprio 100%, entrega a quantia de "alimento" do qual ele necessita.

Falar de teatro e de espetáculo, sequer como metáfora, não significa falar de ficção. Dizia Hannah Arendt que

> o súdito ideal do regime totalitário não é o nazista convencido ou o comunista convencido, mas o indivíduo para o qual a distinção entre realidade e ficção não existe mais.

O teatro, assim como a vida, é representação, conto, interpretação e identificação. Escolher estar juntos na cena da vida, partilhando o espaço e o horizonte, significa interpretar um papel específico que é só nosso e que ninguém pode substituir; significa brincar seriamente para alcançar um objetivo comum; significa participar em primeira pessoa porque aquilo que você não fizer ninguém poderá fazê-lo. Significa, enfim, não ser súdito de ninguém, mas protagonista da cena que contribuímos para construir por meio de relações verdadeiras, criando uma realidade comum, antídoto real para novos regimes totalitários.

Amar as palavras

Desejo que cura
Vozes tecidas
Palavra pátria

(Abre um volume e prepara-se)
Escrito está: "Era no início o Verbo!"
Começo apenas, e já me exacerbo!
Como hei de ao verbo dar tão alto apreço?
De outra interpretação careço;
Se o espírito me deixa esclarecido,
Escrito está: No início era o Sentido!
Pesa a linha inicial com calma plena,
Não se apressure a tua pena!
É o sentido então, que tudo opera e cria?
Deverá opor! No início era a Energia!
Mas, já, enquanto assim o retifico,
Diz-me algo que tampouco nisso fico.
Do espírito me vale a direção,
E escrevo em paz: Era no início a Ação!

Neste célebre "monólogo da tradução", do Fausto, importante obra de Goethe, o protagonista, antes de encontrar Mefistófeles, um demônio que quer levá-lo para a perdição, para procurar inspiração, experimenta diferentes traduções do começo do evangelho de João. Fausto substitui "Verbo" (em alemão, Palavra) por Pensamento, Energia e, por último, Ação. A ação como princípio de tudo, ato criativo em si, do qual tudo brota e que tudo dirige. Não surpreende saber que essa tradução foi a mais querida para Hitler, que, mesmo não gostando de Goethe, o "perdoou", exatamente por esta palavra.

Inquietante, mas compreensível. Reduzir o significado do Logos – considerado a partir do grego como palavra que se desenvolve no discurso – e do pensamento que se exprime através da própria palavra a uma pura ação, sem a força e o valor intrínseco da palavra, ou seja o pensamento, significa transformar o viver e o agir em um fazer abstrato e indefinido que, sem o suporte do pensamento, só levará a um imenso vazio. Palavras vazias, portanto, constroem um perigoso vazio de sentido, assim como foi o vazio construído pelo nazismo.

> Eis a última desabilidade que quero apresentar, a incapacidade de preencher as palavras de significado, de utilizá-las segundo a força criativa que levam consigo, de amá-las, e amorosamente pronunciá-las. Me refiro ao amor na sua plenitude, à propensão própria do homem para o homem, desejo e cura, a capacidade de pensar no bem não de forma piedosa, mas como disponibilidade ao bem comum, que a todos envolve em um discurso amoroso, bem descrito pelo Roland Barthes: A linguagem é uma pele: esfrego minha linguagem no outro. É como se eu tivesse palavras ao invés de dedos, ou dedos na ponta das palavras.

O vazio do sentido produz uma desabilidade de significado que nos leva a fabricar contextos esteticamente apreciáveis, mas que têm o único efeito de aumentar nosso vazio.

Durante a escrita deste livro, surgiram várias vezes na minha mente as palavras de Monte Castelo, uma das primeiras músicas que lembro ter escutado no Brasil. No começo, atraíram minha atenção a melodia e a voz do cantor, posteriormente foi o texto que me conquistou. Primeiro, porque contém parte do hino à caridade de São Paulo, uma passagem bíblica que achei sempre muito humana, porque coloca o amor acima da fé e da esperança, atitude que acho mais divina:

Ainda que eu falasse a língua dos homens e dos anjos, se não tivesse amor, seria como o bronze que soa ou como o címbalo que retine.

Segundo, pelo seu valor poético, que logo me conquistou. Descobri, depois, que um longo trecho da música foi retirado de um soneto do poeta português Luís Vaz de Camões:

O amor é o fogo que arde sem se ver;
É ferida que dói e não se sente;
É um contentamento descontente;
É dor que desatina sem doer.

É muito interessante que Renato Russo, para escrever esse texto, precisou de palavras alheias, como se a distância entre ele e o outro lhe permitisse enxergar naqueles versos o sentido que andava procurando. Palavras que, depois de ter encontrado em uma fonte, bebeu para então pronunciá-las com seu sotaque, palavras-afetos, palavras-feridas, palavras-desejos.

Como o Renato, eu também precisei, em um dado momento da minha vida, de novas palavras para trazer à luz o indizível, algo que não conseguia expressar. Foi isso um dos maiores presentes que o Brasil me deu: um idioma, uma voz, uma língua nova. Na minha estadia no país, comi e me alimentei de palavras e de sons e experimentei na carne-palavra a lei do amor que nos empurra para o desconhecido, que nos dá medo e nos fascina. Desconhecido esse que é, no fundo, a vocação de quem acredita no outro. É a minha vocação.

Costumo dizer que, se o italiano é minha língua materna, o português do Brasil é a minha língua paterna. País-pai então, que me ensinou a dizer aquilo que não conseguia dizer porque não tinhas as palavras, os verbos, o sotaque certo para enfrentar esta desabilidade de significado, esta necessidade, comum a todos, de comunicar amorosamente enchendo as palavras da nossa plenitude, e a partir das quais é possível desenvolver um real discurso amoroso.

Por isso é necessário que cada um procure a própria língua, as próprias palavras, aquela voz única que poderá expressar na maneira melhor possível o amor que mora em nós e sem o qual, ainda que falássemos todas as línguas, que nos entregássemos totalmente ao outro ou que tivéssemos todos os conhecimentos do mundo, nada seríamos.

"Os limites da minha linguagem são os limites do meu mundo", dizia o filósofo austríaco Ludwig Wittgenstein. Não ter palavras para nomear os nossos pensamentos, assim como não ter pensamentos para sustentar nossas palavras, torna as nossas ações vazias e nosso mundo limitado. E o fruto desse vazio e dessa limitação é o medo do outro, percebido como perigoso e inimigo.

Por isso, muitas pessoas escolhem encher as palavras com intenções odiosas, desejando ferir, machucar ou escravizar o outro. Ao contrário, eu continuo convencido de que não há força maior do que amor e que, se persistirmos, o tempo nos dará razão. Porque quem constrói contextos com palavras vazias, cedo ou tarde, será vítima daquele mesmo vazio. Assim como, ao contrário, se você alimenta as relações com palavras de amor, o amor vai te alimentar.

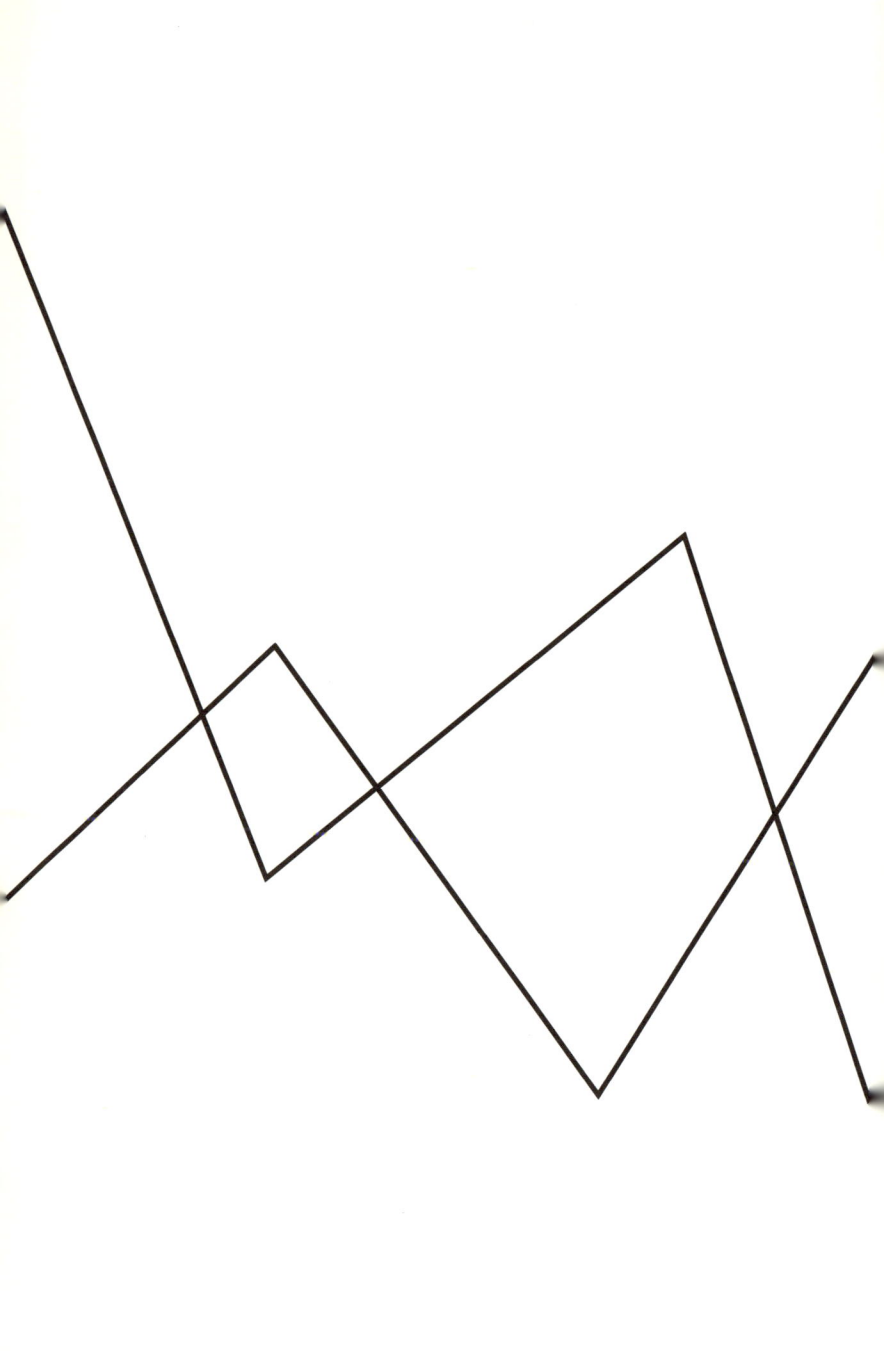

Bibliografia

CARROL, Lewis. *As aventuras de Alice no país das maravilhas*. São Paulo: Martins Fontes, 2001.

BRODSKY, Joseph. *Sobre o exílio*. Trad. de Denise Bottmann. Veneza: Âyiné, 2016.

GALEANO, Eduardo. *As veias abertas da América Latina*. Trad. de Sergio Faraco. São Paulo: L&PM, 2010.

DIAMOND, Jared. *Armas, germes e aço*. Trad. de Silvia de Souza Costa. Rio de Janeiro: Record, 2017.

FREIRE, Paulo. *Pedagogia do oprimido*. São Paulo: Paz e terra, 2013.

DE CRESCENZO, Luciano. *Così parlò Bellavista. Napoli, amore e libertà*. Milão: Mondadori, 2017.

CALVINO, Ítalo. *Seis propostas para o próximo milênio*. Trad. de Ivo Barroso. São Paulo: Companhia das Letras, 1990.

SARAMAGO, José. *Viagem a Portugal*. São Paulo: Companhia das Letras, 1997.

SZYMBORSKA, Wislawa. *Poemas*. Trad. de Regina Przybycien. São Paulo: Companhia das Letras, 2011.

ABBAGNANO, Nicola. *La saggezza della vita*. Rimini: Rusconi, 1985.

LEOGRANDE, Alessandro. *La frontiera*. Milão: Feltrinelli, 2017.

RELLA, Franco. *Miti e figure del moderno*. Milão: Feltrinelli, 1981.

HESSE, Hermann. *La cura*. Adelphi, 1978.

Hesse, Hermann. *O lobo da estepe*. Rio de Janeiro: Record, 1982.

PIRANDELLO, Luigi. *Um, nenhum e cem mil*. Trad. de Mauricio Santana Dias. São Paulo: Cosac & Naify, 2010.

ARENDT, Hannah. *Origem do totalitarismo*. Trad. de Roberto Raposo. São Paulo: Companhia das Letras, 2013.

GOETHE, Johann Wolfgang Von. *Fausto*. Trad. de Jenny Klabin Segall. São Paulo: Editora 34, 2004.

BARTHES, Roland. *Fragmentos de um discurso amoroso*. Trad. de Maria Valéria Martinez de Aguiar. São Paulo: Martins Fontes, 2007.

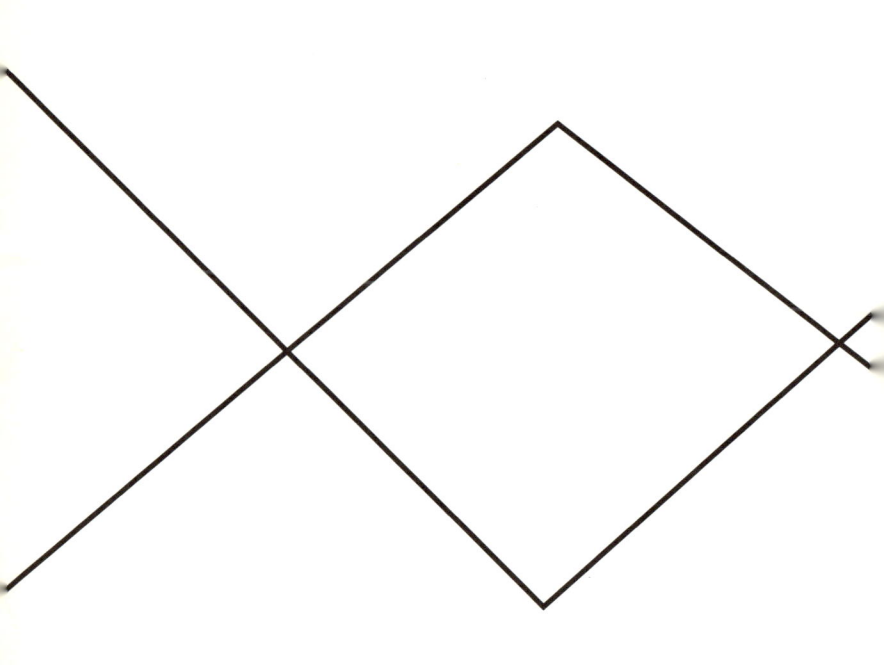

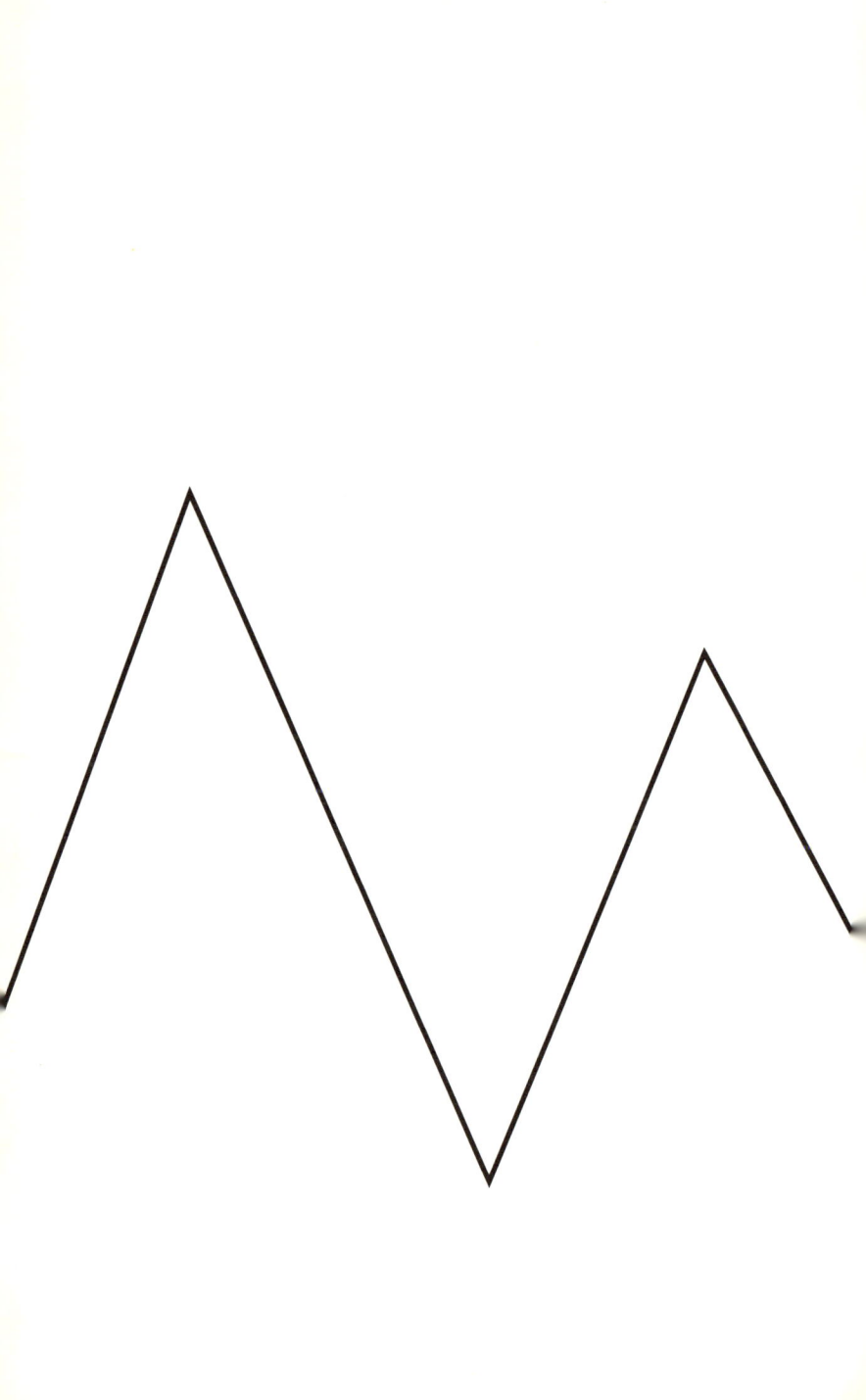

Sobre o Autor

Roberto Parmeggiani

nasceu em 1976, em Bolonha (Itália). Escritor, é formado pela Universidade de Bolonha em Ciências da Educação.

Publicou seus primeiros livros em italiano. Depois de morar dois anos no Brasil, passou a escrever também em português e publicou no país: *A lição das árvores* (2013); *A avó adormecida* (2014); dele a Editora Nós publicou: *O mundo de Arturo* (2016); *Felicidade submersa* (2017); além de contos nas antologias *Olhar Paris* (2016) e *Escrever Berlim* (2017). Atualmente, continua escrevendo nos dois idiomas.

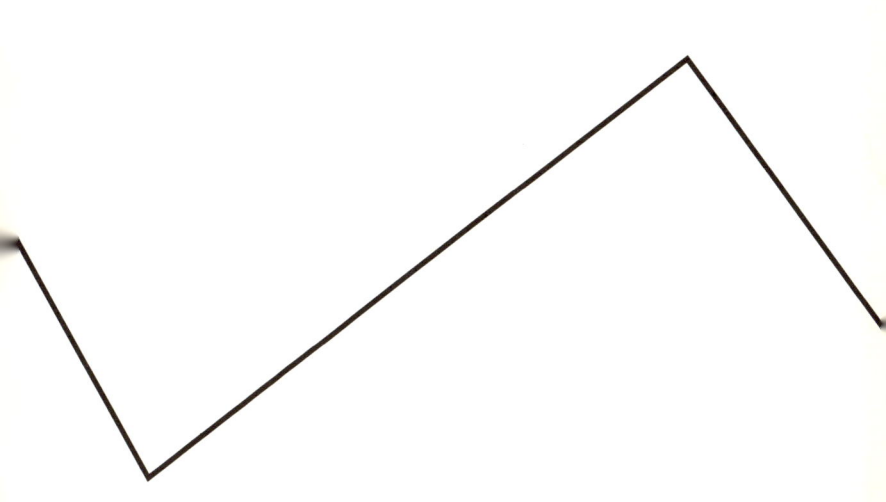

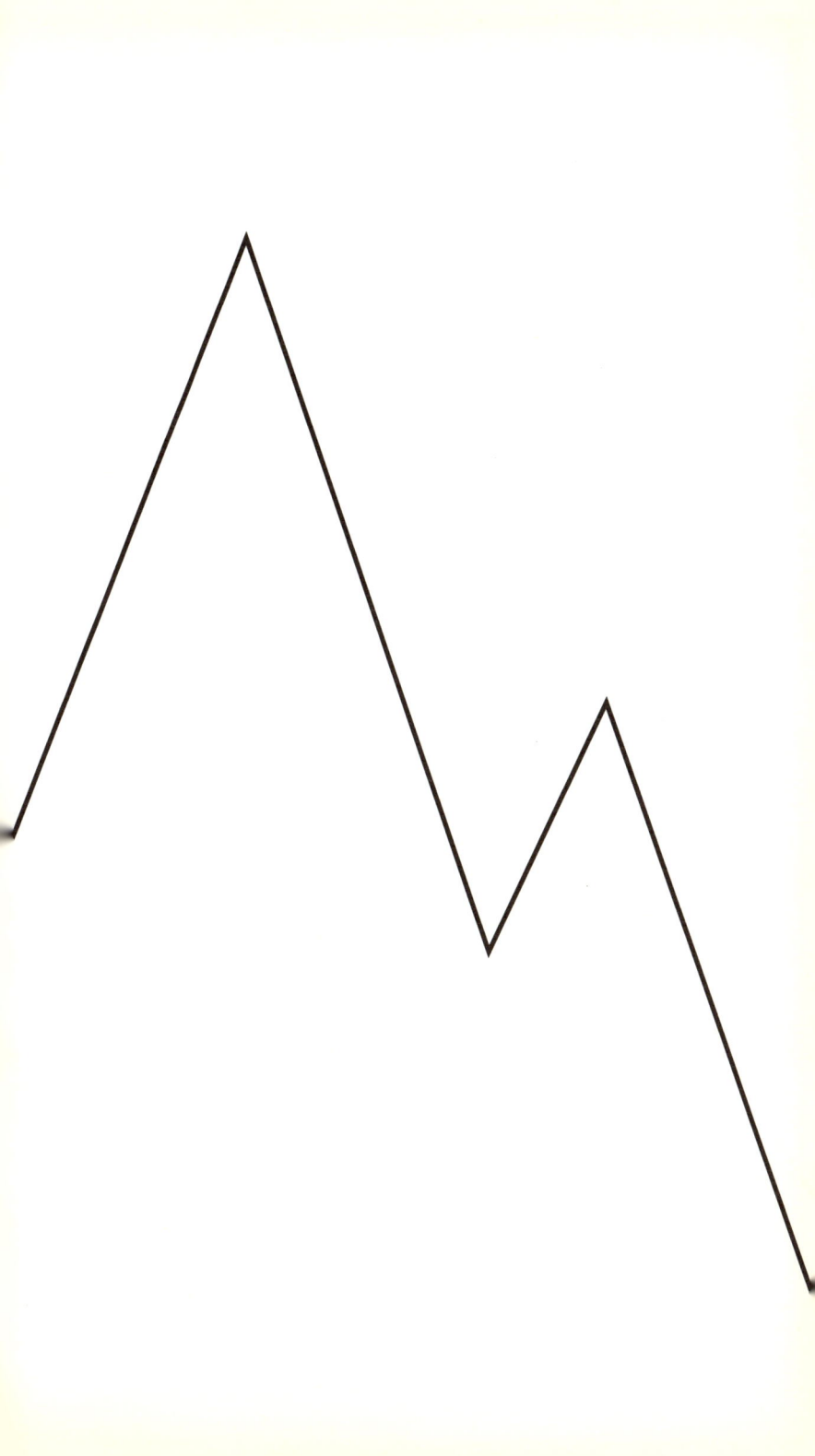

© Editora NÓS, 2018

Direção editorial SIMONE PAULINO
Projeto gráfico BLOCO GRÁFICO
Capa STEPHANIE Y. SHU
Preparação LIVIA LIMA
Revisão JORGE RIBEIRO
Produção gráfica ALEXANDRE FONSECA

Dados Internacionais de Catalogação na Publicação (CIP)
(Câmara Brasileira do Livro, SP, Brasil)

Parmeggiani, Roberto
   Desabilidade/ Roberto Parmeggiani
   São Paulo: Editora Nós, 2018.
   56 pp.

ISBN 978-85-69020-26-4

1. Filosofia política. 2. Ensaios. I. Título.

CDD-320.01, CDU-321.01

Índices para catálogo sistemático:
1. Filosofia Política. 320.01
2. Filosofia Política. 321.01

Todos os direitos desta edição
reservados à Editora NÓS
Rua Francisco Leitão, 258 – sl. 18
Pinheiros, São Paulo SP | CEP 05414 020
[55 11] 3567 3730 | www.editoranos.com.br

Fontes BELY, CIRCULAR
Papel PÓLEN BOLD 90 g/m²
Impressão IMPRENSA DA FÉ